LE
FRANC-LYONNAIS

NEUVILLE-L'ARCHEVÊQUE

AUJOURD'HUI

Neuville-sur-Saône

Étude Historique & Monographie Communale

Par J. BATON

INSTITUTEUR A NEUVILLE-SUR-SAÔNE

LYON
Librairie CHANARD Joseph
8, rue du Peyrat, 8

1890

LE

FRANC-LYONNAIS

NEUVILLE-L'ARCHEVÊQUE

AUJOURD'HUI

Neuville-sur-Saône

Étude Historique & Monographie Communale

Par J. BATON

INSTITUTEUR A NEUVILLE-SUR-SAÔNE

LYON
Librairie CHANARD Joseph
8, rue du Peyrat, 8

1890

A mes Élèves

C'est à vous, mes chers amis, que j'offre ces quelques pages ; elles racontent la vie des ancêtres, l'histoire de votre pays, ou du moins, puisque la plupart de vos familles ne sont pas originaires de Neuville, elles vous parleront de la ville qui vous voit grandir, qui instruit votre jeunesse et dont vous garderez toujours un bon souvenir ; elles vous parleront encore d'une petite partie de notre pays à tous, de notre belle France, que vous devez tous apprendre à connaitre, à aimer, à servir dans quelques années et à défendre au besoin.

Nous l'étudierons ensemble, pour apprendre à l'aimer davantage : « **On aime mieux son pays, quand on le connait bien** ».

Votre Instituteur,

J. BATON.

FRANC-LYONNAIS

Neuville l'Archevêque

En remontant le cours de la Saône, au nord de Lyon, après avoir dépassé l'Ile-Barbe aux restes antiques, la riante commune de Fontaines et Rochetaillée, où, dit-on, l'art des ingénieurs romains aida la rivière à se débarrasser des écueils qui encombraient son cours, la vallée s'élargit et le voyageur aperçoit sur la rive gauche, la petite ville de Neuville que lui signalaient de loin, la tour carrée de sa plomberie et les deux clochers à forme bizarre de son église.

Exposée à l'ouest, la ville a la Saône à ses pieds et tout à l'entour se déroule comme une brillante ceinture de maisons de campagne gracieusement élevées sur un territoire riche de productions de toutes sortes.

Fondation de Viminatium

Divers historiens font remonter l'origine de cette petite ville aux Romains. A la fin du IIe siècle, Pertinax vient de mourir : Niger en Orient, Sévère en Illyrie, Albin en Bretagne, aspirent à la couronne impériale. Tous les trois se sentent assez d'ambition pour être les maîtres du monde et assez d'audace pour tenter cette immense fortune. Les armées des concurrents se rencontrèrent sur le plateau des Dombes, entre Trévoux et Montluel, et le dernier acte de ce drame se passe sur les bords de la Saône, près de Trévoux ; Sévère vainqueur rentre à Lyon, dont il fait massacrer les habitants parce qu'ils avaient pris le parti d'Albin son rival. (1)

Parmi les troupes du vainqueur se trouvait une légion célèbre qu'il avait formée à *Viminatium* dans la Mœsie. Il est donc probable que quelques soldats de l'armée victorieuse, soit fatigue, soit dégoût de la guerre, soit qu'ils fussent attirés par la beauté du climat, s'arrêtèrent sur les bords de la Saône et y fondèrent une bourgade à laquelle ils donnèrent le nom de *Viminatium*, nom qui leur rappelait leur ancienne patrie et leur séjour au bord du Danube, où ils avaient campé si longtemps.

Vimi, capitale du Franc-Lyonnais

Viminatium ou par abréviation *Vimi* ne s'est rendu recommandable, pendant plusieurs siècles, dans les fastes de l'histoire, par aucun fait que nous aient transmis les auteurs de ce temps. Nous ne le voyons reparaître avec une certaine importance que sous le règne de François 1er ; en effet, par Lettres-Patentes données à Evreux, en avril 1543, ce souverain confirma les privilèges et franchises du Franc-Lyonnais dont *Vimi* était la capitale.

Hubert de Saint-Didier, un des derniers Syndics du Franc-Lyonnais, dans son recueil des titres et autres pièces

---

(1) Septime-Sévère-Auguste et Albin-César furent consuls pour la seconde fois. Les dates 9 et 11 Mai 194 nous reportent à l'époque où Septime-Sévère, ayant battu Niger son compétiteur à l'empire, cherche à capter Albin. Il l'avait nommé César et avait voulu être consul avec lui. Mais deux ans plus tard, Albin se faisait proclamer Auguste dans les Gaules et le 19 février 197, les deux rivaux se rencontraient sur le plateau des Dombes. On sait qu'Albin, vaincu, se perça de son épée. Lyon fut mis à feu et à sang et le nom d'Albin mutilé sur tous les monuments où il se trouvait associé à celui de Sévère.

authentiques, explique comme il suit, l'origine du Franc-Lyonnais, en fixe les limites et énumère les franchises et privilèges confirmés à différentes reprises, par les Rois de France.

En 1398, cette contrée, que l'on appelle à présent Franc-Lyonnais, se mit sous la sauvegarde des Comtes de Savoye, comme Vicaires de l'Empire et se soumit à payer une redevance annuelle de cent livres de cire, pour le *droit de garde et de protection* : sous cette condition que ce droit ne pourrait point être augmenté dans la suite, sous le prétexte de l'augmentation des feux et des familles.

Depuis, Amédée, duc de Savoye, voulant recouvrer le comte de Valentinois et de Diois, les Syndics des habitants du Franc-Lyonnais lui firent un présent de deux cents florins, pour lui marquer leur attachement; mais de crainte que l'on ne crut dans la suite que c'était une *taille* que ce Duc avait imposée sur ce petit pays, on prit la précaution de marquer expressément dans des lettres-patentes que cette somme avait été accordée de *gratiâ speciali* et d'ajouter encore dans des lettres-patentes du mois d'avril 1426, que le présent était accepté sans que l'on n'en pût tirer aucune conséquence préjudiciable aux libertés et aux franchises dont le pays jouissait.

Le Franc-Lyonnais
sous la protection des Rois de France

Il n'est pas possible de découvrir d'une manière certaine, comment, ni en quel temps le Franc-Lyonnais a passé sous la protection des Rois de France ; ce qui paraît très vraisemblable, c'est qu'étant situé entre la Bresse qui appartenait aux Ducs de Savoye et le Lyonnais qui dépendait de la couronne de France, il était exposé aux incursions de ces deux Souverains qui se faisaient souvent la guerre et comme les habitants de cette malheureuse contrée ne se trouvaient pas assez forts pour se rendre neutres entre ces deux grands ennemis, ils prirent le parti de quitter le plus faible, pour se mettre sous la protection du plus fort, qui la leur accorda sous des conditions que nos rois ont exécutées jusqu'à présent et qu'ils ont confirmés par plusieurs arrêts et lettres-patentes que l'on a pris soin de recueillir.

Privilèges et Franchises du Franc-Lyonnais

La première condition fut que le pays ne changerait pas de qualité et qu'il serait toujours regardé comme un pays étranger, protégé par la France, sans qu'il pût être incorporé et uni au domaine de la couronne ; aussi exige-t-on le droit de traite-foraine sur toutes les marchandises que les habitants du Franc-Lyonnais tirent de la ville de Lyon.

La seconde condition fut que les habitants seraient affranchis de toutes sortes de tailles, subsides et impositions de quelque nature qu'ils puissent être, et pour mériter la protection que nos rois leur accordaient, ils se soumirent *volontairement* à leur payer de huit en huit ans, une somme de trois mille livres par forme de *don gratuit*.

L'engagement de payer au roi de huit en huit ans, une somme de trois mille livres, n'a point donné d'atteintes à leurs franchises : c'est un *don* purement *gratuit* ou *gracieux*, suivant l'expression des anciens titres, c'est une marque de la reconnaissance des habitants du pays et de leur attachement aux intérêts de la couronne. Ce n'est pas une nouveauté de voir des peuples libres payer une espèce de tribut au souverain, sous la protection duquel ils jouissent sûrement de la liberté dont ils leur sont redevables.

Aussi, dans tous les temps et dans toutes les occasions, nos rois ont confirmé les privilèges et les franchises du Franc-Lyonnais.

Malgré ces libertés et franchises, par suite des vexations des ducs de Savoie, ce fut probablement vers la fin du xve siècle que ce petit pays se donna au roi de France, et prit le titre de petit Franc-Lyonnais, se distinguant ainsi de la grande province de Lyon dont il allait faire partie. Ce fut François Ier, comme on l'a déjà vu, qui reçut le premier hommage. Ce souverain, par les lettres-patentes déjà citées, permit aux habitants du Franc-Lyonnais de ne se conduire et gouverner que par leurs propres coutumes, c'est-à-dire par le droit coutumier qui leur était commun avec la Bresse et le Bugey.

Confirmation des Privilèges et Franchises par différents Rois de France

Le recueil d'Hubert de Saint-Didier fait encore mention des lettres-patentes d'Henri II, données le 29 août 1556, en conséquence d'une nouvelle enquête faite par le général des finances, commis par sa Majesté, qui prouvent parfaitement l'affranchissement général du Franc-Lyonnais; ces lettres furent encore confirmées par François II, et par le roi Charles IX, en avril 1561. Le même souverain, après avoir confirmé les privilèges, donna commission pour la levée des trois mille livres de don gratuit, à la date du 18 juin 1564. Quelques années après, une taxe de dix livres, dix sols par clocher, ayant été imposée, les habitants du Franc-Lyonnais présentèrent une requête de M. de Mandelot, Lieutenant-général au gouvernement du Lyonnais, demandant à être déchargés de la dite taxe, vu leurs privilèges et franchises. La réclamation fut reconnue juste et fondée, car à la date du 21 janvier 1569, nous trouvons une ordonnance du dit seigneur de Mandelot portant *qu'attendu l'urgente nécessité de l'Etat*, les dits habitants du Franc-Lyonnais *payeraient la dite taxe*, sans préjudice de leurs privilèges, mais de laquelle somme il leur *serait tenu compte* sur le prochain *don gratuit*.

Les besoins financiers de l'Etat s'étant augmentés, Mgr le duc de Nemours, gouverneur de Lyon, rendit le 15 juin 1591, une ordonnance pour devancer la levée du *don gratuit*, les habitants s'acquittèrent par avance, et un arrêt du Conseil, du 21 Juin 1596, déchargea le Franc-Lyonnais du *don gratuit*, pour la dite année 1596, parce que cette somme avait été payée par avance en 1591.

Le roi Louis XIII donna, à la date du 16 décembre 1623, de nouvelles lettres-patentes confirmatives des privilèges du Franc-Lyonnais, avec leur enregistrement au Parlement de Paris.

Louis XIV, par lettres-patentes, confirma encore les privilèges et franchises ; le *don gratuit* avait été payé trois mille livres, de huit en huit ans, jusqu'à cette époque ; mais à la date du 12 mars 1712, un arrêt du Conseil d'Etat, tout en confirmant les privilèges du Franc-Lyonnais, déchargea les habitants du payement du dixième denier des fruits et revenus, en acceptant leur offre de payer le *don gratuit* de *quatre* en *quatre* ans, à cause des revers des dernières guerres.

Les lettres-patentes de Louis XV, confirmatives des privilèges du Franc-Lyonnais, sont de mars 1716.

Description du Franc-Lyonnais
Bornes et Limites

Le Syndic du Franc-Lyonnais décrit ainsi ce petit pays.

Il a pour confins la ville de Lyon au midi la Bresse et la Dombes au levant et au septentrion, et la rivière de la Saône au couchant. Sa longueur est d'environ deux lieues et demie, et en largeur une lieue environ, réduction faite du plus ou du moins des paroisses ; il est enclavé dans son extrémité du côté du septentrion, par la Dombes qui le coupe à l'endroit de la ville de Trévoux, au delà de laquelle on trouve encore Saint-Bernard, Riottier et une partie de Saint-Didier qui sont du Franc-Lyonnais.

Le pays est stérile, le terroir ingrat et inculte pour la plus grande partie qui souffre souvent aussi de grands dommages, par les fréquentes inondations de la rivière de Saône.

L'église métropolitaine de Lyon y possède, en seigneurie et domaine, la plus grande partie du territoire. Des treize Marches ou Massages qu'ils appellent, c'est-à-dire des paroisses ou hameaux qui composent le Franc-Lyonnais et et qui contribuent au *don gratuit*, il n'y en a que trois ou quatre qui soient entièrement du Franc-Lyonnais ; les les autres paroisses n'ont que la moitié, le tiers et moins, en Franc-Lyonnais ; le reste est de la Dombes ou de la Bresse, de sorte qu'à peine en pourrait-on former trois ou quatre villages, tels qu'on les voit dans le Lyonnais.

Les paroisses qui composent le pays appelé le Franc-Lyonnais sont en sortant de la ville de Lyon, Cuire dit la Croix-Rousse, le tiers de la paroisse de Caluire, les deux autres tiers étant la Bresse, la paroisse de Fontaines en entier, Rochetaillée, Fleurieu, *Vimi* ou *Neuville*, capitale du Franc-Lyonnais, en partie seulement, ces trois paroisses étant très resserrées par la Bresse et par la rivière de Saône ; toute la paroisse de Gesnay, Bernoud, hameau composé seulement de quelques maisons et qui dépend de Massieu, paroisse de Dombes ; le quart de Civrieu, le reste étant du Mandement et fief de Montribloud,

pays de Bresse ; Saint-Jean de Turignieu, dont peu de
maisons sont du Franc-Lyonnais, le reste est de la juridiction
de Lignieu, pays de Dombes, et au delà de la Dombes,
passé la petite rivière de Froment (ou Formans) ; la
paroisse de Saint-Bernard, celle de Riottier, fort petite
et très peu habitée, et le tiers de Saint-Didier, dont les deux
autres tiers sont de la Dombes, étant à remarquer que la
plus grande partie des habitants de ces paroisses se sont
retirés hors du Franc-Lyonnais et font leur demeure dans
la dépendance de la Souveraineté de Dombes, où l'on ne
paye aucune imposition, pour y jouir, dans une plus
grande tranquillité, d'une vie plus commode et libre.

Les habitants du Franc-Lyonnais ne reconnaissent point
d'autre juge que Monsieur le Sénéchal de Lyon, ou
Monsieur le Lieutenant-Général, tant pour la conservation
et manutention de leurs privilèges que pour le fait de la
Police, Justice et Finances: ce juge ordonne et règle la levée
du *don gratuit*. Ils vont, pour appel, au parlement de Paris.
Le pays a encore un Syndic-Général, un Procureur-Syndic
et, quelques paroisses, des Syndics particuliers, pour veiller
à la défense de leurs privilèges et au bien général de la
province.

Nous avons dit que l'église métropolitaine de Lyon
avait la Seigneurie de presque toutes les marches ou
paroisses qui formaient l'ensemble du petit Franc-Lyonnais.

Quant à la Seigneurie de Vimi, elle appartenait de temps
immémorial à l'abbaye de l'Ile-Barbe, qui l'échangea avec
la maison de Villeroy, vers l'an 1656, sous le règne de
Louis XIV.

La famille de Neuville-Villeroy

Cette Seigneurie fut érigée par Louis XIV en marquisat,
en faveur de la famille de Neuville-Villeroy, Nicolas IV

Neuville (1), premier marquis, puis duc de Villeroy, né le 14 octobre 1598, fut créé Maréchal de France en 1646 et nommé gouverneur de Lyon et des provinces du Lyonnais, du Forez et du Beaujolais. Cette même année 1646, et par lettres du 6 mai, on lui donna pour lieutenant, Camille de Neuville, son neveu, alors abbé d'Ainay.

L'antique Vimi allait perdre son nom pour prendre celui de Neuville ; mais par contre, il allait trouver de nombreux avantages. La maison de Neuville-Villeroy fit un bien infini à la petite ville, y développa le commerce et l'industrie, et y établit un bon nombre de fabriques de tous genres (2).

Camille de Neuville, abbé d'Ainay, devint archevêque de Lyon en 1654. La chapelle du château, dans laquelle avaient eu lieu jusqu'alors les exercices du culte, étant devenue insuffisante, ce Prélat, comme monument de sa piété, fit bâtir, à ses propres dépens, au centre de la ville, l'église paroissiale et la mit sous le vocable de l'Assomption de la Sainte Vierge. Les plans avaient été dressés et les travaux furent dirigés par Messire Curtillat, curé-vicaire. La première pierre de ce monument fut posée le 3 juillet 1678, et Monseigneur Camille de Neuville en fit la consécration solennelle, cinq ans après, le 8 septembre 1683.

L'extérieur de cet édifice, sans caractère d'architecture, dépourvu de façade, est bien au dessous des beautés qu'il renferme ; néanmoins, les deux tours qui s'élèvent parallèlement des deux côtés du chevet, vues de loin, produisent un assez bel effet. L'intérieur se compose d'une

---

(1) La tige de cette famille paraît avoir été Nicolas de Neuville ; en effet, dans des mémoires relatifs au règne de François Ier, on trouve cette indication : « La mère du roi, Louise de Savoie, habitait une maison nommée les Tuileries Saint-Honoré, outre les fossés du Louvre, que son fils avait achetée en 1518, à Nicolas de Neuville, Sieur de Villeroy, secrétaire des finances du roi ».

(2) C'est à Neuville, en 1670, que fut installé le premier atelier pour le moulinage de la soie qui ait fonctionné en France.

seule nef voûtée, dont les deux chapelles latérales du chœur
forment la croix, les bas-côtés sont occupés par d'autres
chapelles latérales, ornées de peintures. Le chœur est revêtu
d'une boiserie montant jusqu'à la retombée de la voûte ;
cette boiserie offre un travail magnifique, de vastes panneaux
sculptés représentant des sujets emblématiques que surmonte
une statue de la Vierge entourée d'anges. Cette église possède
encore de belles peintures, entre autres un Saint-Paul estimé
des connaisseurs et un Ecce-homo peint sur bois et que l'on
croit de Jean Hollein. La belle balustrade de marbre noir
qui clôt le chœur provient, nous a-t-on d'., de l'ancienne
église des Grands-Augustins de Lyon. Au-dessus de la porte
principale, s'élève une assez vaste tribune, soutenue par
deux piliers, et à laquelle on monte par un double escalier.

La construction de l'église et son ornementation ne
furent pas les seules marques de sa bonté que donna aux
habitants, l'archevêque Camille ; il prit à cœur de protéger
d'une manière toute spéciale cette petite ville, qui fut dotée,
par sa sollicitude, de tous les avantages pouvant contribuer
au bonheur des habitants et en attirer de plus nombreux.
Des travaux considérables de dérivation furent entrepris
par son ordre, pour amener les eaux limpides qui coulent
de nombreuses fontaines ; la source principale, assez
éloignée de la ville, où les eaux sont recueillies, porte
encore le nom de Fontaine Camille. Le crédit de
l'Archevêque-Gouverneur procura encore à Neuville,
la création de nombreuses foires destinées à assurer sa
prospérité et le développement de son commerce.

C'est donc à partir de cette époque, à peu près, que
le nom de *Vimi* fit place officiellement à celui de Neuville.
Dans les archives de cette époque, transportées à Lyon, se
trouve une ordonnance de l'Archevêque, qui, pour faire
arriver les habitants plus promptement à donner à la ville
son nouveau nom, condamne ceux qui emploieraient

encore l'ancienne appellation à *vingt sols* d'amende.

Puis, la reconnaissance des habitants ajouta à ce nom celui de leur bienfaiteur en s'appelant *Neuville-l'Archevêque,* nom que porta la ville jusqu'en 1793, où on lui substitua celui de Marat-sur-Saône, et depuis, celui de Neuville-sur-Saône, pour la distinguer d'autres communes du même nom, situées dans le département voisin. Il est regrettable qu'en reprenant le nom de ses derniers Seigneurs, Neuville n'ait pas repris le qualificatif qui rappelait les services rendus et la reconnaissance des habitants.

En avril 1680, le marquis d'Alincour, fils aîné du duc de Neuville-Villeroy et petit-fils du maréchal, avait été nommé Lieutenant-Général des provinces du Lyonnais, Forez et Beaujolais, en succession de son grand-oncle l'Achevêque de Lyon. Il lui succéda dans ses fonctions en 1693. Ce fut cette année, en effet, que mourut Mgr Camille de Neuville, qui fut remplacé sur le siège primatial de Lyon par Mgr Claude de Saint-George.

Nous n'avons trouvé aucun détail sur la mort et la sépulture du bienfaiteur de Neuville. Il mourut à Lyon, en l'hôtel des Gouverneurs, situé place du Gouvernement, qui était appelée précédemment place du Petit-Palais et qui avait pris le nom de place du Gouvernement depuis que la ville de Lyon avait acheté un hôtel situé sur cette place, pour en faire la résidence de ses gouverneurs.

La famille de Neuville-Villeroy fournit encore deux gouverneurs de Lyon et du Lyonnais, du Forez et Beaujolais ; il est probable que les traditions de bienveillance se continuèrent en faveur des habitants : nous ne parlerons que du dernier, Gabriel-Louis-François de Neuville, marquis, puis duc de Villeroy, fils de François-Camille et de Marie-Joséphine de Boufflers. Ses provisions, datées de novembre 1763, furent enregistrées en sa présence à la Sénéchaussée, le 29 janvier 1765, avec celles de François-Louis de Neuville qui lui avait été donné pour Lieutenant.

Un décret du 20 février 1791, ayant supprimé les Gouverneurs de provinces et de places, les Lieutenants-Généraux, les Lieutenants de roi, Majors et autres, à compter du 1er janvier de la même année, Gabriel-Louis-François de Neuville fut le dernier gouverneur de Lyon ; il fut aussi le dernier duc de Villeroy. Sa tête tomba sous la hache révolutionnaire, à Paris, le 23 avril 1794. Avec lui mourut, sur le même échafaud, le dernier intendant de la généralité de Lyon, Antoine-Jean Terray, neveu et légataire du célèbre abbé Terray.

Il résulte de documents authentiques, qu'un mur d'enceinte avait entouré autrefois la ville, pour la défendre des insultes qu'elle aurait pu recevoir dans les guerres si multipliées que se faisaient les Seigneurs, à l'époque de la féodalité, ou la garantir d'une surprise au moment des guerres de religion. Il y a quelques années seulement qu'on a achevé de démolir, pour percer de nouvelles rues et dégager la place située devant l'église, deux portes et quelques pans de murailles, derniers restes des anciennes fortifications.

Dans la partie de la ville, appelée l'ancien Bourg, on trouve encore les restes du vieux château qui servit de résidence aux anciens Gouverneurs de Lyon avant la construction de celui de la maison de Neuville-Villeroy. Les ravages du temps et la main des hommes ont enlevé à ces restes, occupés par divers logements, tout ce qui pourrait intéresser l'archéologue et l'historien.

Quant au château relativement moderne de la famille de Neuville-Villeroy, il offre l'aspect d'une demeure vraiment princière ; il est entouré de fossés ; une vaste cour d'honneur précède les appartements auxquels on

arrive par un large escalier. Complètement remanié,
l'intérieur est devenu une résidence bourgeoise, entourée
de magnifiques jardins et plantations, restes d'un immense
parc autrefois clos de murs, mais qui n'existe plus.
Traversé d'abord par une route départementale, puis par
une ligne de chemin de fer, il a été morcelé en diverses
propriétés particulières.

Suppression du Franc-Lyonnais
Division de la France en départements
Neuville jusqu'à nos jours

L'Assemblée Nationale Constituante, en 1790, ayant
aboli la division territoriale de la France en provinces, la
partagea en départements : le Franc-Lyonnais disparut pour
toujours. Parmi les paroisses qui le composaient, celles
situées au nord de Neuville entrèrent dans la formation
du département de l'Ain ; Neuville et les paroisses situées
sur le bord de la Saône, suivirent le sort de la province du
Lyonnais et furent comprises dans le département du
Rhône ; à partir de cette époque, l'histoire de Neuville se
confond avec celle du département ; Neuville fut érigé en
chef-lieu de canton, comprenant quatorze communes et
siège de Justice de Paix.

Comme toutes les communes riveraines de la Saône,
Neuville a plusieurs fois souffert des inondations ; la plus
considérable a été celle de 1840 ; les eaux causèrent
d'énormes ravages: des plaques commémoratives encastrées
dans le mur des maisons, sur divers points de la ville,
indiquent la hauteur à laquelle montèrent les eaux.

Un pont suspendu fait communiquer Neuville avec la
rive droite de la Saône. La concession faite à une compagnie,
par ordonnance royale, date du 17 octobre 1832 ; sa

construction est légère, assez élégante et n'exclut pas la solidité. Il est soutenu par une seule pile placée au milieu de la rivière, ce qui lui donne une forme hardie et gracieuse. Au moyen d'une subvention de l'Etat, du département et d'une souscription publique, le pont a été racheté à la compagnie concessionnaire et affranchi de tout péage à partir du 1er Janvier 1886.

Deux marchés par semaine et plusieurs foires, bien fréquentées, alimentent le commerce de Neuville ; il s'y fait des transactions commerciales sur les céréales et la vente des bestiaux.

Une grande partie des poissons fournis par les étangs de la Bresse sont amenés à Neuville dans des tonnelets, et jetés dans des bateaux *ad hoc* qui, descendant la Saône, vont alimenter les pêcheries de Lyon.

Industrie locale

La petite ville de Neuville est essentiellement industrielle ; sa spécialité est l'impression sur les étoffes de soie, soie et coton, foulards; trois grandes usines y occupent de nombreux ouvriers ; pour les femmes, des ateliers de filature de soie et de tissage mécanique, articles de franges et de passementerie. On y trouve un laminage de plomb et fabrique de plomb de chasse, plusieurs moulins et une usine de produits chimiques. C'est aussi dans le voisinage de Neuville, mais sur le territoire de la commune de Fleurieux, que se trouve l'usine Guimet, où se fabrique le *bleu* dont la renommée est européenne.

Voies de communication

De nombreuses voies de communication desservent le territoire de Neuville et facilitent les relations commerciales d'abord la route départementale qui suit la rive gauche de la Saône, allant de Lyon à Trévoux ; en outre, Neuville est traversé de l'est à l'ouest par l'ancienne route départementale, déclassée aujourd'hui et devenue le chemin de grande communication n° 14bis, d'Anse (Rhône) à Saint-André-de-Corcy (Ain).

Deux lignes de chemin de fer : la ligne de Lyon à Paris, dont la station est située au lieu de Villevert, sur le territoire de la commune d'Albigny, en face de Neuville, dont elle porte le nom, et la ligne de la compagnie du Rhône, de Lyon à Trévoux qui rencontre à Sathonay la ligne de Lyon à Bourg, par les Dombes, et arrive sur le plateau de la Croix-Rousse. Prochainement une ligne de tramways, à traction mécanique, reliera Neuville à Lyon.

Monuments divers

Neuville n'offre pas, aux regards de l'étranger qui le visite, de monuments remarquables ; son Hôtel-de-Ville est une maison particulière appropriée aux différents services de la mairie, de la justice de paix, de la caisse d'épargne et qui abrite aussi la brigade de gendarmerie. A l'extrémité de la promenade, la long du quai de la Saône, se trouve une petite salle de théâtre, bâtie par M. Guimet, pour les concerts de l'*Orphéon*, sur un terrain dont la ville a concédé la jouissance.

Nous ne terminerons pas cette notice historique, sans parler du groupe scolaire qu'occupent les Ecoles municipales de filles et de garçons. De belles classes, claires et bien aérées, garnies d'un mobilier conforme aux prescriptions de l'hygiène, de vastes préaux couverts, des cours d'une étendue suffisante et bien ombragées, des eaux pures et abondantes, tels sont les avantages que l'on trouve réunis dans le groupe scolaire construit en 1882, par la ville de Neuville, aidée du concours généreux de l'Etat et du département.

Les écoles communales étaient précédemment dirigées par les Frères Maristes et les religieuses de Saint-Charles de Lyon ; laïcisées par arrêté en date de juillet 1883, les écoles ont été installées dans le groupe scolaire à la rentrée des classes, octobre 1883.

Quant aux petits enfants, encore trop jeunes pout être admis dans les écoles, ils sont reçus dans une école maternelle laïque, fondée par une généreuse bienfaitrice, enlevée trop tôt à son époux, à sa famille et aux malheureux auxquels elle prodiguait les secours et les consolations.

Notre tâche d'historien fidèle est terminée ; il ne nous reste plus qu'à souhaiter pour la petite ville dont nous avons retracé l'histoire, de longs siècles de bonheur et de prospérité

C'est le vœu que nous formons de tout notre cœur, au double titre d'instituteur et de citoyen.

PIÈCES JUSTIFICATIVES

Entre les nombreuses pièces qui ont été à notre disposition, citées et énumérées dans le présent travail, *Lettres-Patentes*, *Edits royaux*, etc. nous ne donnerons en entier que la suivante ; nous l'avons choisie parce qu'elle a le mérite d'énumérer et de préciser exactement les privilèges et franchises du Franc-Lyonnais, d'en décrire minutieusement les limites et confins et l'exacte situation.

Nous avons conservé à cette pièce le style et l'orthographe de l'époque où elle a été écrite.

PROCÈS-VERBAL

Descente de lieux et enquête faite
au sujet de la franchise du Franc-Lionnois
et de ses limites

Nous François Rossellet, Sieur de la Pardieu, Commis de Messire Charles de Pierrevive, Chevalier, Seigneur de Lezigny, Conseiller et Maître d'hôtel ordinaire du Roy, Trésorier de France et Général de ses finances à la charge de Lyon : Sçavoir faisons, comme par Lettres-Patentes, adressées au dit Sieur de Lezigny, ou à son commis ; données à Saint-Germain-en-Laye, le seizième jour du mois de Janvier, mil cinq cent cinquante-quatre, et pour les causes y contenues, eut été mandé et enjoint faire Bail à ferme au plus offrant et dernier enchérisseur, en la manière accoutumée, au profit du dit Sieur, de l'aide et droit de Gabelle du huitième du Vin qui serait vendu parci-après à détail, ès-lieux de Changy, Saint-Bernard-Darcon, Vimy, Gesnay, Rochetaillée et autres lieux, Massages et hameaux des Païs et Sénéchaussée de Lionnois, Baillages de Forèts et Beaujollois, comme étant de l'ancien Corps et Couronne de France, sur lieux, le dit aide n'aurait été par ci-devant levé, cueilli ni perçu, ainsi aurait été omis à lever et percevoir à l'intérèt du dit Sieur, et diminution de ses droits ; et lesquels deniers qui proviendront desdits aide et huitième, est mandé par les dites Lettres faire bailler, mettre et délivrer ès mains des Receveurs des aides des dits Païs respectivement, pour en tenir par eux compte et reliqua, tout ainsi qu'il est accoutumé faire pour les affaires et profit du dit Sieur : et à ce faire et souffrir, contraindre tous ceux qui pour ce seraient à contraindre, desquelles Lettres la teneur s'en suit : *Henry, par la grâce de Dieu, Roy de France,* à notre amé et féal Conseiller, Trésorier de France et Général de nos finances à Lyon, ou à son commis, pour survenir aux grands et urgents affaires de la Cuerre et autres justes et raisonnables considérations, nos prédécesseurs Rois eussent statué et ordonné par Edit général, irrévocablement être prains, cueilli et levé sur les Manans et Habitants des Villes, Bourgs, Lieux et Paroisses de notre Royaume, le droit de Gabelle du huitième du Vin qui se vendrait en détail, lequel encore de présent, pour les grandes incursions et entreprises de nos ennemis sur les terres de notre obéissance, soit plus requis que jamais de continuer et combien que ès Païs et Sénéchaussée du Lionnois, Baillages de Forèts et de Beaujollois, et n'y ait et ne soient en chascun desdits Baillages respectivement qu'une seule Election pour le regard de nos aides et tailles, ressortissant pardevant Nos Sénéchal de Lyon et Baillifs desdits Païs de Forêts et Beaujollois, leurs lieutenans en première instance et autre cas, et par appel en donner jugement en notre Cour de Parlement à Paris, et pour ce, tenus de supporter également nos aides et tailles, comme font nos autres Païs, Baillages, Sénéchaussées et Elections qui sont de l'ancien corps de la Couronne de France, et que encore par plusieurs de nos Lettres-Patentes à vous adressans, ayons déclaré, statué et ordonné, de notre certaine science, pleine puissance et authorité royale que notre vouloir et intention aurait toujours été et serait que tous les Manans et habitans des dits Païs, Sénéchaussée, Baillages et Elections de Lionnois, Forêts et Beaujollois et même ès lieux de *Vimy, Rochetaillée, Saint-Bernard-Darcon, Gesnay et autres lieux,* Massages et hameaux des anciens *Enclavez et Ressort* de la Sénéchaussée de Lionnois, qui ne contribuent ailleurs, fussent compris, nommez et accueillis ès Rôles et Chartreaux, sur l'assiette et département de nos dites aides et tailles, tant ordinaires qu'extraordinaires, sinon qu'ils ou aucun d'eux eût privilège et exemption spéciale de nous, ou de nos Prédécesseurs, à ce qu'égalité fut gardée entre nos sujets qui sont appellez à mêmes droits, franchises et libertez, et en conséquence tenus à mêmes charges, aides et subventions, toutefois par connivence d'aucuns nos Officiers, ou autrement ledit droit de Gabelle du huitième du vin, n'aurait été mis, assis, ni levé généralement sur tous les Habitans dudit Païs et Sénéchaussée de Lionnois, combien qu'ils y fussent tenus, comme pour chose tant raisonnable, revenant au bien et soulagement de nos Sujets, ains s'en tiennent les Habitans desdits Lieux de Changy, Saint-Bernard-Darcon, Vimy, Gesnay, Rochetaillée et certains autres Lieux, Massages desdits Païs et Sénéchaussée de Lionnois, et Baillages de Forêts et Beaujollois exemptez, sans avoir sur ce nos Lettres de Privilèges, grâce ou exemption de nos Prédécesseurs, qui revient à la surcharge des autres diminutions de nos droits et retardement de nos affaires.

Parce est-il, que nous vous mandons, commandons et expressément enjoignons, vû ces présentes, de faire bail et ferme au plus offrant et dernier enchérisseur, à la manière accoûtumée à notre profit, dudit droit de Gabelle du huitième, du Vin qui sera vendu par ci-après à détail esdits lieux de Changy, Saint-Bernard-Darcon, *Vimy*, *Gesnay*, *Rochetaillée* et autres lieux, Massages et hameaux de ces Païs, Sénéchaussée et Baillages que trouverez avoir été omis et délaissé, et des deniers qui en proviendront annuellement, faites bailler et délivrer ès mains de nos Receveurs des aides, pour en tenir par eux compte et reliqua, tout ainsi que des autres deniers de leurs receptes ; et à ce faire et souffrir aussi à rendre compte et reliqua des deniers qui seront pour ce dûs dudit droit du huitième. Par après à toujours contraigne ou faites contraindre lesdits Habitans desdits Lieux et autres qu'il appartiendra, et lesquelles de notre dite et certaine science, pleine puissance et authorité Royale, voulons, ordonnons et nous plaît être contrains pour nos propres debtes et deniers est accoûtumé faire, nonobstant oppositions ou appellations quelconques faites ou à faire, relevées ou à relever, et sans préjudice d'icelles, à ce que nos affaires n'en soient aucunement retardez ; Car tel est nôtre plaisir, nonobstant aussi le laps du temps de la dite omission que ne voulons, ni entendons aucunement nuire, ni préjudicier à nos droits qui ne se peuvent prescrire, et quelconques Lettres subreptices, impétrées ou à impétrer à ce contraires : De ce faire vous avons donné et à votre Commis plein pouvoir et commission spéciale, par ces présentes mandons, et commandons à tous nos Justiciers, Officiers et Sujets, que à vous et à votre dit Commis obéissent et entendent, prêtent aide, secours, main-forte et prison, si métier est, et requis en sont. Donné à Saint-Germain-en-Laye, le seizième jour de Janvier, l'an de Grâce mil cinq cent cinquante-quatre, et de notre Règne le huitième, ainsi signé par le Roy, nous présens Bourdin et scellé de cire jaune à simple queuë pendante.

Procédant à l'exécution desquelles Lettres, eussions fait bailler assignation pardevant nous en cette ville de Lyon, à cejourd'hui deuxième jour du mois de Décembre mil cinq cent cinquante-cinq, à Guillaume Paule, Jean Vignat et autres taverniers et vendans vin à détail, demeurant ès paroisses de *Vimy, Gesnay, Rochetaillée, Fontaines et autres lieux et Massages du petit Franc-Lionnois, à la part de Bresse et Dombes ;* comme étant des enclavez du Païs et Sénéchaussée de Lionnois, auquel jour pardevant Nous Commis des susdits comparans en personnes Messires Jean Galliat et Hugues Morel, Syndics et Procureurs des Habitans du Petit Franc-Lionnois, prenans la cause en mains pour lesdits taverniers, se seraient opposez à l'exécution desdites Lettres, remontrans et disans, tant en leurs privez noms, que comme Syndics et Procureurs généraux des autres Habitans et communauté du Petit Franc-Lionnois, à sçavoir pour les Habitans de Gesnay, Fontaines, Rochetaillée, Vimy, Fleurieu, Saint-Didier de Formans, Riotiers, Saint-Bernard d'Anse, Bernoud, Syurieu, Saint-Jean de Thurigneu, Cuyres et Caluyres, qu'ils ne sont desdits païs et Election de Lionnois, et *par ce moyen nullement tenus et sujets, ni astraints aux aides et tailles,* ains sont petites Bourgades et lieux séparez et des anciens enclavez et ressort du Païs de Bresse à la part de l'Empire, n'ayant souffert, ni payé comme ils ne doivent souffrir, ni payer aucunes desdites aides ou tailles, ni autres subsides, par mandemens ou impôts de l'ordonnance desdits Elus de Lionnois, Juges à eux du tout incompetans, et ores qu'ils fussent jurisdiciables et du ressort de la Sénéchaussée de Lionnois en cas royaux, il y a, et avoit trop grande différence entre les Habitans du Plat païs de Lionnois, qui étoient vrayement de l'Election du dit Païs astraints, et contribuables de tout temps, pour le fait desdites aides et tailles, et ceux du *Franc-Lionnois*, parce qu'ayant été distraits, désunis du Païs de Bresse et Dombes, dont ils étoient originaires, ont été toujours depuis la réduction à l'obéissance du Roy, maintenus et préservez à mêmes droits, franchises et libertez, que ceux de ces Païs de Bresse et Dombes, n'a été sur eux pris, mis, n'y exigé aucunes aides, tailles ou autres substitutions, soit ordinaires ou extraordinaires, signamment l'aide du huitième du vin, dont est question, dont les habitans du plat Païs du Lionnois, domme étant de l'ancien corps et couronne de France et de l'Election dudit païs de Lionnois, y ont été comme ils sont, de toute ancienneté contribuables, et non lesdits du Franc-Lionnois qui ont été entretenus et conservez sous mêmes libertez, franchises et prérogatives que ceux du païs de Bresse sujets au Ducs et Comtes de Savoye, *et comme étant séparés et à la part de l'Empire, le Roy Philippes par ses Lettres-Patentes du premier jour de Janvier en mil quarante-cinq, addressées au Bailly de Mascon, auroit déclaré les terres qui étoient du long de la rivière de Saône du côté du Païs de Bresse être de la Jurisdiction et Souveraineté du Comte de Savoye, Baron de Beugey et Bresse,* au moyen de quoi lui était mandé de n'exploiter ni faire aucuns actes en cas de souveraineté et jurisdiction en quelque manière que ce fût dedans les terres dudit Comte de Savoye et par delà la rivière de Saône, la copie desquelles lettres ils nous ont exhibé, et requis être insérées en ce nôtre procez-verbal avec plusieurs autres lettres-patentes desdits Ducs et Comtes de Savoye, Barons des païs de Bresse et Beugey qu'ils nous ont semblablement exhibées, par lesquelles apparoît que lesdits Ducs et Comtes de Savoye étaient Seigneurs Souverains de tout ledit Païs de Bresse et desdits villages et hameaux y contigus, comme dépendans d'iceluy Païs de Bresse, jusques à la rivière de Saône inclusivement, et pour mieux entendre et avoir la vérité de ce fait et du contenu ci-dessus, afin qu'ils ne soient à l'avenir chargés de nouvelles aides et impositions contre l'ancienne coutume et obvier à ce que le dit Sieur ne souffre plus grand intérêt et perte en autre endroit qu'il ne pourroit avoir d'augmentation, leur faisant payer les aides du huitième du vin, ont présenté requête tendant à ce qu'eussions à nous informer sur les lieux avant que procéder outre et à l'exécution et effet des dites Lettres-Patentes, afin que par ce moïen nous puissions vérifier sur les lieux comme les Habitans d'iceux, pour lesquels ils prennent en main qu'ils sont hors la subjection desdits Elus, et que onques le Trésorier ou Général de la charge ne s'est ingéré ou entremis de faire aucunes visites ou chevauchées audit Païs, et moins lesdits Elus, ainsi que plus à plein est contenu par ladite Requête, la teneur de laquelle s'en suit. — *A Monseigneur, Mr de la Pardieu,* Commis de M^r de l'Erigny, Trésorier de France, Général des Finances du Roy, à la charge de Lyon. Suplient humblement Maîtres Jean Galliat et Hugues Morel, Syndics et Procureurs des Manans et Habitans des lieux et paroisses de Vimy, Gesnay, Rochetaillée, Fleurieu, Fontaines, Cuyres, Caluyres, Suyrieu, Bernoud, Saint-Jean-de-Thurignieu, Saint-Didier-de-Formans, Saint-Bernard et Riotiers, Bourgades du Petit Franc-Lionnois à la part de Bresse et Dombes, ayant prins en main pour Guillaume Paule, Jean Vignat et autres taverniers, Hôtelliers, vendants vin en détail esdits lieux, comme lesdites Paroisses dudit Franc-Lionnois ayant été de tous temps d'ancienneté, exemptes de la contribution de toutes aides, tailles, subventions, tant ordinaires qu'extraordinaires qui se lèvent par chacun an sur les Manans et Habitans du Royaume étant de l'ancien Corps de France, et soient lesdits supliants et leurs consors sujets, astraints des droits du domaine forain et imposition foraine, esquels ils contribuent chaque jour comme étrangers, ayant été désunis et démembrez des Païs de Bresse et Dombes, au-dedans desquels Païs une partie desdits Lieux et paroisses du Petit Franc-Lionnois est encore enclavée, située, assise et ressortissant en tout cas, soit de Justice ordinaire, foraines ou autres subventions avec lesdits Païs de Bresse et Dombes, et l'autre part qui est la moindre où résident lesdits supliants et leurs consors s'étoient librement retirez puis les dernières guerres des Ducs de Savoye à l'obéissance du Roy, pour les grandes incursions, foules et intérêts qu'ils avoient à supporter au passage et séjour des gens de guerre, et sous la souveraineté du Roy, *quatre-vingts ans* sont passez ou environ, ont été entretenus en mêmes libertez, droits et franchises qu'ils étoient auparavant la réduction dudit Païs, sans avoir pris ni reçu lesdites aides et tailles qui étoient imposées comme elles sont à présent sur les Habitans du Royaume et ceux de l'ancien Corps et Couronne de France, séparés et divisés d'avec lesdits supliants et autres desdits Païs de Bresse et Dombes ; si bien qu'anciennement ceux qui étoient du Païs de Bresse et Dombes, auparavant la réduction desdits Païs à la main et Couronne de France se disoient et soutenoient être à la part de l'Empire et le Païs de Lionnois du long de son étendue à la part du Royaume ; Néanmoins sous ombres de certaines Lettres-Patentes données à Saint-Germain-en-Laye, au mois de Jànvier mil cinq cent cinquante-quatre à vous adressantes obtenues par surprise et sous faux donné entendre, auroient fait convenir par devant vous lesdits taverniers et Hôtelliers, pour lesquels lesdits supliants prennent en main pour mettre sur eux, prendre et cueillir un nouveau subside et prétendu droit de Gabelle du huitième du vin qui seroit vendu en détail esdits lieux et Bourgades du Petit Franc-Lionnois, comme étant de l'ancien Corps et Couronne de France, et tenus aux aides et tailles, choses certes controuvées à plaisir et contre la vérité du fait, parlans soubs correction, et par ce moyen voudroient entreprendre connaissance et jurisdiction sur lesdits pauvres supliants, qui ne tiennent qu'une petite cité de terre, éclipsée desdits Païs de Bresse et Dombes, au long de la rivière de Saône, comme dit est, séparée entièrement, et qui ne fut onques de votre charge ni au-dedans les bornes et limites des Païs ou provinces, ascrites et tenues aux faits des aides et tailles, ni de l'ancien Corps et Couronne de France, comme sont les Païs de Lionnois, Forêts, Beaujollois et autres du Royaume, que l'on dit vulgairement le Plat-Païs, et pour le règlement desquels Païs étant de l'ancien Corps de France touchant lesdites aides et tailles et autres finances du Roy, tant ordinaires qu'extraordinaires, l'établissement des Seigneurs Trésoriers-Généraux de France a été fait et ordonné, et non pour le regard desdits Païs de Bresse et Dombes et membres qui en dépendent ainsi que par la recherche et descente des Lieux et Bourgades dudit Franc-Lionnois, vous aperra plus aisément et à veue d'œil, *Ce considéré, Monseigneur,* et après avoir la certaineté du fait de tout ce qui a été ci-dessus proposé aussi pour toller et supprimer les exactions et vexations indeues que lesdits Elus du Lionnois, Juges incompetans, esdits supliants s'efforcent faire contre et à leur préjudice pour les rendre contribuables esdites aides et tailles et autres subsides, tant ordinaires qu'extraordinaires à leur totale ruine et désolation, en égard à la pauvreté desdits supliants et infertilité desdits lieux à eux appartenans, lesquels demeureroient inhabitables et en friche et en danger d'être abandonnés et délaissés par les tenanciers qui se retireroient esdits Païs de Bresse et Dombes prochains, comme aucuns d'eux ont déjà faits, il plaise avant que passer outre et procéder à l'exécution desdites Lettres-Patentes, Vous transporter sur lesdits Lieux, Massages et Bourgades tenus et possédés par lesdits supliants à la part du Petit Franc-Lionnois, par la descente desdits Lieux, il vous aperra qu'anciennement cette petite portion de terre tenue par eux audit Petit Franc-Lionnois était du même Corps de Bresse et Dombes à la part de l'Empire, séparée entièrement des Païs et Elections du Lionnois, Forêts, Beaujollois et autres Païs de votre charge, tenus vrayement de l'ancien Corps et Couronne de France, non tenus, ni astraints esdits Droits de traite foraine et domaine forain comme sont lesdits supliants, qui est la cause pour laquelle lesdits supliants ont toujours été exempts et non contribuables pour le fait desdites aides et tailles, ains ont été toujours préservez et retenus de mêmes qualité, condition et privilège que ceux desdits Païs de Bresse et Dombes, dont ils auroient été extraits et désunis comme dit est, pour vous étant informé et ayant prins et entendu sur cela vérité du fait, lesdits supliants être maintenus et gardez par le Roy notre Souverain Seigneur en leurs dits Droits, franchises et libertez, autrement leur être pourveu par lesdits Seigneurs, et *Nos Seigneurs* de son Conseil privé, tant pour raison dudit aide du huitième du vin, qu'autres aides subsides, ainsi qu'il appartiendra par raison, et ferez bien, et encore d'abondant pour justifier du contenu en ladite requête firent exhibitions de plusieurs autres titres, actes et anciens documents, faits du temps des Ducs et Duchesses de Bourbonnois, Seigneurs de Dombes, avec le Seigneur Archevêque et Comte de Lyon, pour raison de la Châtellerie de Riotiers et membres qui en dépendent, appartenant en toute Justice, Jurisdiction et directe Seigneurie audit

Seigneur Archevêque, membres désunis et séparez dudit Païs de Dombes, ainsi qu'oculairement il se pourra voir par la descente des lieux, à laquelle ils persistoient, comme par leur requête étoit contenu, et outre ce exhibèrent autres documents, enseignement et actes faits du temps des Ducs de Savoye, Seigneurs de Bresse, pour raison de la Châtellerie de Vimy, Rochetaillée et Gesnay, esquels lieux lesdits Ducs de Savoye, à cause de leur Seigneurie de Bresse, commettoient Capitaines, Châtellains et Officiers et étoient lesdits de Gesnay, de Vimy, Rochetaillée et autres lieux circonvoisins, membres dépendans de ladite Châtellerie de Miribel au Païs de Bresse, de la Souveraineté des Ducs de Savoye, à cause de leur Baromé et Seigneurie de Bresse, ainsi que dit est, et pour les Droits de garde-noble tenus envers lesdits Seigneurs de Savoye annuellement, à sçavoir les Habitans et Communauté de Vimy, en dix livres viennoises, valans dix Florins ; le Curé ou Recteur perpétuel de l'Eglise Paroissiale dudit lieu, une livre de cire ; l'Abbé de l'Ile-Barbe pour le Château Fief qu'il tenait audit lieu de Vimy, audit Païs de Bresse, pour semblable droit et garde-noble dix Florins ; les Habitans du lieu et Mandement de Fontaines pour semblable droit cinquante livres de cire, et ceux de Rochetaillée pareille quantité de cire qu'ils payaient annuellement à chacune Fête Saint-Martin ès mains du Châtellain de Miribel en Bresse qui était chargé de la recepte, et ce en reconnaissance du droit et Souveraineté, sans ce qu'ils fussent aucunement contribuables à autres droits de Foüade, ni autres subsides ou subventions envers lesdit Seigneurs et Princes de Savoye, et de ce ont montrés Lettres et Provisions desdits Ducs de Savoye par eux obtenues dudit temps, contenant déclaration expresse de ne vouloir lever sur eux aucunes autres subsides, fût pour le droit de Foüage ou autrement et depuis la réduction à l'obéissance du Roy ont été tenus pour étrangers, pour raison de quoi étants contraints payer comme ils payent et acquittent journellement droits du domaine forain et imposition foraine « *A cette cause veu le contenu* en leur requête et autres mentionnés ci-dessus et ci-après'inférées, leur a été accordé, Nous transporter esdits Lieux et Villages du Franc-Lionnois. Ce que fîmes le vingt-troisième jour des mois et an, étant (23 X^bre 1555) acheminez et allant au Païs de Beaujollois pour l'établissement des Officiers pour la perception des Droits du Domaine Forain et imposition Foraine *Et à l'issue de la Ville de Lyon hors des bornes et anciennes limites de la Charge et Généralité du Lionnois, passant par la porte de la Lanterne et côte Saint-Sébastien, prochaine du Païs de Bresse,* où sont assis les gardes de la Maîtrise des Portes, pour avoir l'œil et soin qu'aucun Argent, Billon et Marchandises prohibées et défendues ne sortent hors la ville de Lyon pour être transportées en Allemagne, Franche-Comté, Bresse, Dombes et autres Païs étrangers. *Fîmes informé* par Jean Perou et Guillaume Charreton et plusieurs autres gardes desdites Portes, illec étans comme seulement ils étaient constituez et établis sur le transport dudit Billon et autres Marchandises prohibées et défendues de n'être tirées hors le Royaume, mais aussi pour saisir, arrêter et remettre en Justices, toutes les Marchandises et denrées qui se trouveroient avoir été prises dans ce Royaume pour être transporées dehors par ladite Porte et Côte Saint-Sébastien et par la rivière de la Saône, ès-Païs de Bresse, Dombes, Franc-Lionnois, Allemagne, Franche-Comté, Savoye et autres Païs Etrangers, sinon que les porteurs ou voituriers d'icelles marchandises et denrées eussent leurs acquits pris des Officiers établis pour le payement des Droits de Rêve et haut passage que l'on dit Domaine Forain et Traité Foraine, à quoi toutes marchandises et denrées prises au Royaume pour être portées, débitées ou consommées ailleurs en Païs étrangers, sont tenus et les *porteurs d'icelles redevables envers le Roy et pour la vérité ont certifié et attesté que ceux qui demeurent en ce lieu appelé Franc-Lionnois sont tenus Sujets et Contribuables audit droit de traité foraine et Domaine forain,* des Marchandises et Denrées qu'ils enlèvent en la ville de Lyon et autres parties du Royaume pour les transporter en leurs maisons et ailleurs et faut qu'à l'issue de la Ville, ils fassent apparoir des acquits des deniers par eux payez pour raison de ce droit, lesquels acquits leur sont baillez par lesdits Officiers députez l'an mil cinq cens cinquante-un, et auparavant par les Conseillers et Eschevins de la Ville de Lyon qui avoient accoutumé de cueillir et lever tels droits, et ont lesdits attestans veu plusieurs acquits desdits du Franc-Lionnois qui leur sont rapportez journellement quand ils passent quelques marchandises et denrées pour mener en leur maison. *Ce fait passant outre hors la cloture et murailles de la dite ville de Lyon,* avons été informez que les Granges et Héritages prochains des *fossez et boulevards d'icelle et à l'issue de la dite ville et jusques à la Croix-Rousse étoient d'ancienneté des membres et connexes de Bresse,* et que encore une bonne partie et jusques à l'endroit du grand chemin approchant le lieu et village de Cuyres et Caluyres étoient d'ancienneté comme ils sont de présent de la jurisdiction ordinaire et Mandement de Miribel, Païs de Bresse et ressortissent à Bourg en Bresse, et de là en dernier ressort au parlement de Chambéri et tout le résidu au dessus du grand chemin tendant à Trévoux en Dombes jusques à l'Abbaye de l'Ile-Barbe qui est une petite lézière du long du rivage de Saône, a été pris, retiré et désuni du Païs de Bresse et remis à l'obéissance du Roy, pour la proximité de la Ville de Lyon et contient environ demi-quart de lieue de longueur et trois cens pas de largeur, ainsi que fumes acertenez pour vérité par un nommé Jean Blanchet, procureur d'office de la parorsse de Sathonay, Païs de Bresse, et Jean Geoffrey, laboureur dudit lieu, que trouvant à l'endroit sur le grand chemin tendans à Trévoux, et nous dirent en outre qu'auparavant la réduction du Païs de Bresse à la main du Roy, les Officiers dudit Si, même de la Cour de la Sénéchaussée de Lionnois, chacune année au jour et fête de l'Ascension au mois de May, se transportoient en bonne et grosse compagnie jusques au chemin tendant audit lieu de Trévoux en Dombes, icelle pour la conservation du Droit du Roy et de ses Sujets, plantoient et affichoient contre une Croix étant au dit chemin public les Armoiries du Roy, en démonstration que ceux qui demeuroient au-dessous ledit grand chemin jusqu'à la rivière de la Saône, étoient à l'obéissance du Roy, et tout le résidu desdites Paroisses de Cuyres et Caluyres, de beaucoup plus grande étendue étoient comme encores ils sont du Mandement et jurisdiction de Miribel, Païs de Bresse, et vont ressortir pardevant le Bailly de Bresse ou son Lieutenans à Bourg, et en dernier ressort en la cour de Parlement de Chambéri, combien que tous les Habitans et Communautés desdites Paroisses de Cuyres et Caluyres ayant été anciennement du Païs de Bresse et ainsi l'ont toujours soutenu les Officiers du Païs de Bresse du temps qu'ils étoient en l'obéissance des Ducs de Savoye auparavant la réduction du Païs et pour reconnaissance de ce prétendu droit, lesdits attestants ont vû les Officiers dudit Mandement de Miribel le jour même de l'Ascension ou le lendemain après que ceux de la Justice du Roy audit Lyon, s'étoient retirez, se transportoient sur le même chemin, et sublevoient les Armoiries du Roy du lieu où elles étoient, affigées, et plantoient les Armoiries de Savoye jusques au bord de la rivière de Saône à certains arbres ou pilliers,

illec étants prétendants jusques à cet endroit toutes lesdites
terres, lieux, et paroisses ensemble jusques au bord de
ladite rivière de Saône être des membres et dépendances du
Païs de Bresse, et en prenoient Acte par leur Greffier ainsi
que lesdits attestants disent bien sçavoir parce qu'ils sont
résidents en ladite Paroisse de Sathonay, Païs de Bresse,
qui est aboutissant à une partie du lieu et paroisse de
Fontaines, dudit Franc-Lionnois, et l'autre partie à la
paroisse de Rillieu, dudit Mandement de Miribel, en
laquelle Paroisse du Rillieu, plus que des deux tiers des
Manans et Habitans, dudit Caluyres font ledit résidence et
prennent ledit Sacrement et continuent le service divin en
l'Eglise paroissiale dudit lieu de Rillieu, et non à la part du
Franc-Lionnois, avec lesquels ils ne contribuent en aucunes
subsides, *ains avec ceux de Rillieu pour le fait de leur
Communauté, et de là traversant par ledit lieu de Caluyres, où
il n'y a qu'un petit massage de maisons à la part du Franc-
Lionnois de bien petite étendue,* Nous sommes transportez
audit lieu de Fontaines, distant de la ville de Lyon une
lieue, laquelle Paroisse contient en soi environ, demi-lieue
en tous cens, et est aboutissant d'un côté de la rivière de
Saône, et de l'autre part à ladite paroisse de Sathonay et
de Montanay au Païs de Bresse, et en ce il y a plusieurs
Granges et Héritages tenus et appartenants aux Habitans
de la ville de Lyon, et d'illec passâmes par le lieu de
Rochetaillée, où il y a une petite Maison forte qu'est ès
Seigneurs Doyens, et Chanoines de l'Eglise de Lyon,
Seigneurs Hauts Justiciers desdits lieux de Fontaines,
Rochetaillée, Gesnay, Fleurieu et plusieurs autres lieux
dudit Franc-Lionnois, et esdits Seigneurs de l'Eglise
compète et appartient la Justice et Jurisdiction ordinaire
et une bonne partie des Fonds, Possessions et Domaines
dudit lieu de Rochetaillée et Fontaines, outre le Péage qui
est assis du long de la rivière de Saône, à eux appartenant

et plusieurs beaux droits Seigneuriaux, ainsi que nous dirent et certifièrent pour vérité Me Claude du Soleil, secrétaire de ladite Eglise et Edouart d'Aveïne, Bourgeois dudit Lyon, trouvez incidemment sur le lieu et qu'eux mêmes avoient tenu à bail et ferme le revenu et droits de ladite Châtellerie de Rochetaillée et parce sçavent bien de vue et fréquentation faite sur lesdits lieux qu'iceux de Fleurieu et Rochetaillée étoient de bien petite étendue, angustiez d'un côté de la rivière de Saône, et de l'autre part de la paroisse de Montanay, Païs de Bresse, comme dit est, et ne contiennent lesdits villages de Rochetaillée et Fleurieu qu'environ demi-lieue de longueur, et au résidu étoient forts contraints par le moyen de la rivière de Saône si bien que lesdites Paroisses ne contiennent de largeur cinq cens pas jusques au bornes de Bresse, ainsi qu'il nous est apparu par la montre dudit du Soleil, étant acheminez au long desdites paroisses et jusques au lieu de Vimy, continuant le grand chemin pour aller jusques à Trévoux en Dombes prochain du Païs de Beaujollois, ladite rivière de Saône entre deux tant seulement, lequel lieu de Vimy avons trouvé être de bien petite contenue, et y a un petit Bourg clos de murailles lesquelles sont déjà vieilles, caduques et ruineuses, et sur le lieu de Vimy nous sommes informez des droits et des facultez d'icelui, avec Noble Simphorien Suatier Seigneur de Montjoly, bourgeois de Lyon et ledit du Soleil, lesquels ont dit et affermé d'un commun accord, qu'il y a vingt-cinq ans passez, qu'ils ont fréquenté les lieux et paroisses du Franc-Lionnois qui sont adjacents, et des membres des Païs de Bresse et Dombes, si bien enclavez esdits Païs, qu'il est bien malaisé d'en montrer les bornes et limites et encore la plupart des Habitans des lieux que l'on dit être du Franc-Lionnois font leur dite résidence en Bresse pour l'anguste et pauvreté du lieu, et audit lieu de Vimy n'y a aucun commerce de Marchandises,

Foires, ni marchez aïns ont été discontinuez et délaissez,
ensemble ledit lieu de Vimy comme Village ouvert pour
la proximité de Lyon, ou il n'y a de distance de deux
petites lieux ou environ de l'un à l'autre, et encore une
bônne partie des terres, et Héritages tenus par les Habitans
de Vimy et qui sont de la paroisse de ce lieu, sont
justiciables de Montanay, Païs de Bresse, ainsi qu'ils ont
dit sçavoir, pour avoir fréquenté, comme ils fréquentent
parfois lesdits Païs de Bresse, Franc-Lionnois, Dombes et
des environs. Et ce jour même à l'après-diné passâmes
outre jusques au lieu de Gesnay, qui est joignant à la
rivière de Saône du côté de soir, ladite paroisse de Vimy
de vent, et des autres côtez est enclavez au dedans les
Châtelleries de Montanay et Montriblou, Païs de Bresse,
et quelques membres dépendants de la Châtellerie de
Trévoux, Païs de Dombes et contient ledit lieu de
Gesnay en soi environ demi-lieue de longueur, et quelque
peu moins de largeur, auquel il y a Châtellerie de laquelle
dépendent certains Massages appelez Bernoud, Siurieu et
Saint-Jean-de-Turignieu lesquels prennent leurs confins
et étendue au-dedans les lieux de Montanay et Montriblou,
Païs de Bresse, au Mandement .de Lignieri, et à ladite
Châtellerie de Trévoux en Dombes ésquels ils sont si bien
enclavez, qu'en ce lieu de Bernoud il n'y a que trois
maisons appartenans ès Buirevaulx et Consorts Chevelu,
et le résidu de la paroisse de Mallieu Châtellerie de
Trévoux audit Païs de Dombes, et audit lieu de Siurieu n'y
a que trois maisons tenuespar les frères Boviers et Alexis
Bilhou, qui soient au dedans du Petit Franc-Lionnois,
tout le reste contenant plus des trois quarts parties, est
du Mandement de Montriblou au Païs de Bresse, et
pour le regard du Massage de Saint-Jean-de-Turignieu
il n'y a que quatre maisons qui soient de ce Petit Franc-
Lionnois, le résidu retient la vieille trace et anciens

enclavez de la Jurisdiction de Lignieu au Païs de Dombes, combien qu'ils soient de même Paroisse ainsi qu'il nous est apparu, faisant recherche sur les lieux, et comme nous ont montré Me Jacques Neyret Capitaine dudit lieu de Montriblou, et Me Barthélemi Rambaud Notaire Public, aussi demeurant audit lieu, trouvez sur lesdits lieux et lesquels nous certifient pour vérité et sur le devoir de leurs consciences qu'en tous iceux Massages et Hameaux de Bernoud, Siurieu et Saint-Jean-de-Turignieu n'y avoir que dix ou douze Maisons faisant feu et lieu rière ledit Petit Franc-Lionnois, tous les autres étoient Sujets et Iusticiables en toutes choses desdits lieux de Montriblou, Lignieu et Châtellerie de Trévoux, et contribuent ausdits Païs de Bresse et Dombes, pour les affaires de leur Communauté respectivement, et ont bien vû et sçu que plusieurs Habitans du Franc-Lionnois, puis quatre ou cinq ans en ça se seroient retirez, prins et fait, comme ils font de présent leur habitation rière le Païs de Bresse et Dombes et pour témoignage certain que partie de ces lieux du Franc-Lionnois avoient été désunis d'avec ceux de Dombes nous montrèrent neuf grandes Pierres enlevées à l'endroit desdits lieux où étoient empreintes et engravées les armoiries des Ducs de Bourbon; et le lendemain traversâmes du long et dedans ledit Païs de Dombes une grande lieue appelé Saint-Bernard d'Anse et la Bruyère, qui n'est qu'une même chose, assis enclavez au dedans ledit Païs de Dombes de toutes parts, contenant environ un quart de lieue où il y a plusieurs vieilles Granges Murs et Maisons ruinées, la plupart des autres inhabitées pour l'angustie et infertilité du lieu et delà prinsme chemin au lieu de Saint-Didier de Formant semblablement enclavez dans le Païs de Dombes dont les deux tierces parties de ce village sont de la Châtellerie de Trévoux, où les Habitans dudit Saint-Didier font leur résidence ordinaire, et les autres demeurent à la part du Petit Franc-Lionnois, ainsi que fûmes assertenez par Me Claude Bernoud Notaire Royal dudit lieu de Trévoux et Claude Augnet demeurant à Sainte-Euphémie Païs de Dombes, lesquels nous dirent en parole de vérité qu'ils avoient été baillez par ledit feu Duc de Bourbon, ou ses Officiers, au Seigneur Archevêque de Lyon pour être annexez à ses Châtelleries de Riotiers, qui est enclavez de toutes parts audit Païs de Lombes en récompense des droits Seigneuriaux qui comptoient et appartenoient audit Sieur Archevêque ès lieux, et paroisses de Fareiras, Savignieu et Chanteins et autres territoires circonvoisins du Païs de Dombes, comme ils disent avoir vu par contract de transaction passé entre feu de bonne mémoire Messire Jean Duc de Bourbon et d'Auvergne, d'une part, et Révérend Charles de Bourbon, Cardinal, et lors Archevêque de Lyon, et les Doyen et Chapitre de ladite Eglise d'autre, fait et passé en l'année mil cinq cens et douze, et lesquelles les terres et places dudit Franc-Lionnois ainsi baillées et remises, ensemble lesdits Habitans puis ledit temps ont toujours retenu mêmes Franchises et libertez dont ils avoient accoutûmé, jouir et user auparavant, comme ceux du Païs de Dombes, suivant laquelle transaction lesdits attestants aussi tous les autres ci-dessus nommez avec lesquels nous sommes enquis de la vérité de ce fait, ont dit, certifié et attesté par foi et serment sur ce par nous enquis singulièrement et à part, que les Maisons et Habitans des lieux, hameaux et massages contenues en ce Petit Franc-Lionnois de tout temps de leur souvenance ont été entretenus et préservez en mêmes libertez, franchises et exemptions que ceux de Dombes et Bresse, et ainsi l'ont ouy dire aux dits Majeurs et Prédécesseurs : *Aussi qu'ils n'avaient comme ils n'ont été imposez, accueillis ni compris au payement d'aucunes aides, tailles, ni impositions, soient ordinaires ou extraordinaires pour le fait soulde et passage de la Gendarmerie*

Huitième du vin, ni autres subsides que le Roy a accoutumé lever sur les Habitans du Plat Paës de Lionnois à la part du Royaume: Desquels subsides ils ont bien vu et sçu que ceux de Bresse et Dombes et autres que l'on disait à la part de l'Empire et jusques au bord de la rivière de Saône ont toujours été exempts et encore n'y contribuent en rien que *seulement de huit en huit ans* quelque don qu'ils ont accordé au Roy, et s'égallent entre eux, sans intercessions des Elus, lesquels n'eurent onques aucune jurisdiction ni connaissance de tels actes audit Païs de Bresse, Dombes et Franc-Lionnois Et si autrement en eut été usé, qu'ainsi ils ont dit et attesté, ils l'eussent bien vu et sçu pour ce qu'ils fréquentent journellement avec les Habitans du Petit Franc-Lionnois, Dombes et Bresse, et sur les lieux et massages, mêmes les aucuns y tenans à bail et ferme plusieurs rentes, diximes et autres droits Seigneuriaux appartenants esdits Seigneurs Archevêque, Doyen et Chapitre de l'Eglise de Lyon et plusieurs autres Seigneurs, et finalement approchant le Païs de Beaujollois au lieu de Ville Franche, passâmes à travers le lieu de Riotiers, auquel il y a un Château vieux, fort caduc et ruineux, et cinq ou six maisons habitées à la part du Franc-Lionnois de bien petite valeur, et tout le résidu de la dite Paroisse de Riotiers se trouve être des appartenances de la Châtellerie de Beauregard audit Païs de Dombes, duquel lieu traversâmes la Rivière de Saône, et nous retirâmes audit Païs de Beaujollois à la part du Royaume, et du tout fîmes Procès-Verbal comme il a été ci-dessus daclaré pour être pourvu esdits du Franc-Lionnois sur leurs remontrances par le Roy notre Souverain Seigneur et Nos Seigneurs de son conseil privé, ainsi qu'il appartiendra par raison. « Fait le vingt-sixième jour de Décembre, l'an mil cinq cens cinquante-cinq. »

Signé : *ROSSELET.*

Lettres-Patentes, Arrêts, Privilèges
et Reconnaissances
concernant les Franchises, Exemptions et autres Droits
des habitants du Franc-Lyonnais

Reconnaissance des Habitans de Gesnay et de Bernoud de la quantité de cent livres de cire, à cause de la sauvegarde à eux accordée par le Comte de Savoye. en 1398.

Lettres-Patentes d'Amédée, Duc de Savoye, par lesquelles il reconnaît que les Habitans des Châtelleries de Gesnay et de Rochetaillée ont fait Don, *de gratiâ speciali,* de deux cens florins pour lui aider à recouvrer le Comte de de Valentinois et Diois, avec déclaration expresse que semblable don ne préjudiciera point à leurs franchises de toutes sortes de subsides, données l'an 1426.

Arrêt du Parlement de Paris, portant défense aux Elus de Lyon, d'imposer les Habitans du Franc-Lionnois, 1525.

Lettres-Patentes des Rois François Ier et Henry II, pour confirmer les franchises du Franc-Lionnois, 1543.

Lettres-Patentes du Roy Henry II, données le 29 Août 1556, qui prouvent l'affranchissement général du Franc-Lionnois, confirmées ensuite par les Rois François II et Charles IX.

Consentement et Enterinement donné par le Sieur Chalvet, Conseiller du Roy, Trésorier de France, et Général de ses Finances à Lyon, du 11 octobre 1556, pour l'enregistrement des Lettres-Patentes du Roy Henry II, du 29 Août 1556.

Lettres-Patentes du Roy François II, confirmatives des Privilèges du Franc-Lionnois, données en 1559.

Lettres-Patentes du Roy Charles IX, confirmatives des Privilèges du Franc-Lionnois, données en Avril 1561.

Commission du Roy Charles IX, pour la levée de trois mille livres de Don Gratuit, du 28 Juin 1564.

Lettres-Patentes du Roy Charles IX, qui décharge lesdits Habitans du Franc-Lionnois de la taxe de Dix livres, dix sols par clocher, vû leurs privilèges du 14 octobre 1571.

Arrêts du Conseil, du 20 Septembre 1574, qui déchargent le Franc-Lionnois des taxes faites sur tout le Royaume.

Lettres-Patentes du Roy Henry III et Arrêt d'Enregistrement portant confirmation des Privilèges du Franc-Lionnois, X^bre 1577.

Ordonnance de M. le Duc de Nemours, du 15 Juin 1591, Gouverneur de Lyon, pour devancer la levée du Don Gratuit, à cause des besoins pressants de l'Etat.

Lettres-Patentes du Roy Henry IV, portant confirmation des Privilèges du Franc-Lionnois, données à Coussi en 1596, registrées au Parlement le 12 février de la même année.

Arrêt du Conseil du 21 Juin 1596, qui décharge le Franc-Lionnois du Don Gratuit pour l'année 1596, parce que cette somme avait été payée par avance en 1591, suivant l'Ordonnance de M. le Duc de Nemours.

Lettres-Patentes du Roy Louis XIII, du 16 Décembre 1623, confirmatives des Privilèges du Franc-Lionnois, avec leur Enregistrement au Parlement de Paris.

Sentence des Juges Greneliers de Lyon, du 26 Mars 1633, par laquelle les Habitans du Franc-Lionnois, ont été déchargés du droit de Regratage, avec injonction de se fournir de sel au grenier de Lyon, et non ailleurs, dont il leur est permis de faire la revente à petites mesures dans l'étendue dudit Franc-Lionnois.

Lettres-Patentes du Roy Louis XIV, confirmatives des

Privilèges du Franc-Lionnois, Juillet 1644.

Arrêt de la Cour du Parlement de Paris,, du 29 Août 1645, contenant l'enregistrement des Lettres-Patentes ou Privilèges accordez par sa Majesté aux Manans et Habitans du Petit Franc-Lionnois.

Enregistrement du bureau des Finances à Lyon des Lettres-Patentes ou Privilèges accordez par Louis XIV, en faveur des Habitans du Petit Franc-Lionnois, 12 Janvier 1646.

Déclaration du Fermier des Gabelles du Lionnois, portant que c'est par la permission de M. Camille de Neuville, qu'il y a établi un entrepôt de Sels pour en jouir tant qu'il plaira audit Seigneur, et sans préjudicier aux Franchises du Franc-Lionnois et à la liberté de vendre du sel, du 7 septembre 1646.

Commission pour la levée des 3000 livres imposées par forme de Don gratuit, la dite Commission adressée suivant l'usage à Messieurs les Trésoriers de France pour l'enregistrer, et à M. le Lieutenant Général de la Sénéchaussée de Lyon, pour l'exercer, 23 Novembre 1675.

Arrêt du Conseil d'Etat du 16 Juin 1696, qui confirme les Habitans du Franc-Lionnois dans leurs anciens Privilèges exemptions de toutes sortes d'impositions et tailles, et en conséquence les décharge de la taxe des eaux et fontaines et ordonne la restitution de ce qui aurait été payé.

Arrêt du Conseil d'Etat du 12 Mars 1712, confirmatif des Privilèges du Franc-Lionnois, lequel en conséquence d'iceux est déchargé du payement du dixième denier, des fruits et revenus, en payant suivant l'offre des Habitans le Don Gratuit de 3000 livres de quatre en quatre ans, pendant la guerre présente.

Lettres-Patentes du Roy Louis XV, confirmatives des Privilèges du Franc-Lionnois, de Mars 1716,